ワット・スアン・ドークはチェンマイに
ある1383年に建てられた寺院。

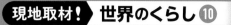

現地取材！ 世界のくらし⑩
タイ

もくじ

●サワッディー・カップ
おはようございます／
こんにちは／こんばんは
＊女性の言い方は「サワッディ・カー」

動画が見られる！

映画館を楽しむ高校生。

朝の托鉢は子どもも参加する。

放課後、祭りの屋台で遊ぶ高校生。

タイの昔話を再現した山車。

タイ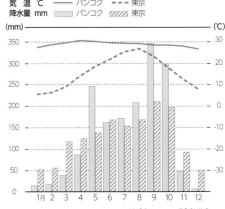

正式国名
タイ王国

面積
51万3000km²
（日本は37万7975km²）

人口
6962万6000人
（日本は1億2602万人）

国旗
青、白、赤の3色が使われ、上から順に赤・白・青・白・赤と横帯の形。青は王室、赤は国民の生命、白は白ゾウに由来し仏教による加護と信仰心をあらわすとされる。

日本との距離
東京からバンコクまで
直線距離で 約4600km

時差
2時間の時差がある。首都バンコクは日本より2時間おそい。日本が昼の12時のとき、バンコクは午前10時。

気候
サバナ気候で一部が熱帯雨林気候。雨季と乾季がある。

気温 ℃ ── バンコク --- 東京
降水量 mm ▨ バンコク ▨ 東京

▲バンコクと東京の月別平均気温と降水量。
（『理科年表2020』丸善出版）

タイの世界遺産

タイでは、2019年現在、次の5件の世界遺産が登録されている。

● 古代都市スコータイと周辺の古代都市群
● 古都アユタヤ
● トゥンヤイ–ファイ・カ・ケン野生生物保護区群
● バン・チェンの古代遺跡
● ドン・パヤーイェン–カオ・ヤイ森林群

▲アユタヤのワット・ヤイ・チャイ・モンコンは1357年に建てられた寺院。

▲スコータイのワット・シー・チュムの大仏アチャナ。

タイと周辺の国ぐに

90° 120°
ネパール ブータン 中華人民共和国
30° デリー カトマンズ バングラデシュ 東シナ海
北回帰線 ダッカ ミャンマー 台湾
インド ハノイ
ネーピードー ビエンチャン ラオス
タイ ベトナム マニラ
バンコク カンボジア
プノンペン フィリピン
南シナ海
ベンガル湾 ブルネイ
コロンボ マレーシア バンダルスリブガワン
スリランカ クアラルンプール
シンガポール シンガポール
0° インドネシア
インド洋 ジャカルタ ジャワ海 東ティモール
ディリ

▲野生動植物の宝庫、カオ・ヤイ国立公園。

タイ

文・写真：小原佐和子　監修：馬場雄司

◀こちらのサイトにアクセスすると、本書に掲載（けいさい）していない写真や、関連動画を見ることができます。

小学校の昼休み。元気いっぱいの男の子たち。

タイの伝統衣装（でんとういしょう）を着て「ワイ」のポーズ。

ガールスカウトの制服（せいふく）で登校する。

観光客に工芸品を売るモン族の女性（じょせい）。

2つの季節をもつ熱帯の国

▲年間を通じてあたたかく、雨量も豊富なタイでは植物も大きく育つ。広い国土にそれぞれ特色のある自然環境があるため、世界で知られる動植物の約7％がタイに生息・生育しているといわれている。

特色ある4つの地域からなる国

　タイは東南アジアの中心に位置する熱帯の国です。国土面積は約51万3000㎢で、周囲をミャンマー（ビルマ）、ラオス、カンボジア、マレーシアに囲まれています。

　南北に細長い国土は大きく4つの地域にわかれます。北部はタイでいちばん高い山インタノン山をふくむ山岳地帯で、第二の都市チェンマイがあります。かつて王朝があった文化ゆたかな場所です。東北部（イサーン地方）は、コラート台地とよばれる、標高約200mの平地が広がり、雨はあまりふりません。中央部は首都バンコクを中心に経済・政治のまちとして古くから発展し、チャオプラヤー川の流れる農業地帯でもあります。南部はマレー半島の一部で、ゆたかな自然環境が残されています。

　年間平均気温は約29℃です。むし暑く、日本の真夏の気候に似ています。南部と一部地域は熱帯雨林気候、それ以外はサバナ気候です。季節は雨季と乾季の2つにわかれ、11月〜4月は乾季で雨はほとんどふりません。5月〜10月は雨季で、毎日スコールとよばれる短時間のはげしい雨がふります。雨季の終わりには大雨が続き、洪水が発生することもあります。3月〜5月が1年でいちばん暑い時期です。

◀古くからタイにおいてアジアゾウは乗り物であり、戦いでは戦車としての役割をはたすなど、長い共存の歴史がある。現在、野生のアジアゾウは国際自然保護連合（IUCN）の絶滅危惧種に指定されている。タイ国内ではゾウを守る法律が整備され、保護活動への意識が高まっている。

▲バンコク市のシンボルマークはゾウが中心にえがかれている。

▲バンコクの中心部を流れる大河チャオプラヤー川。バンコクは「水の都」ともいわれ、かつては川を利用した輸送が物流の中心だった。今もたくさんの商業船や観光船が行きかう。

▲国花「ラーチャプルック」。タイでいちばん暑い4月に満開をむかえる花で、2009年に国の花としてみとめられた。日本ではナンバンサイカチ（南蛮皂莢）とよばれ、沖縄や奄美諸島でのみ見ることができる。

◀国内では高い山に囲まれた北部地域。首都バンコクにくらべて平均気温が数度低いため、多くの種類の野菜や果樹の産地となっている。日本で売られる冷凍えだ豆の主要産地のひとつでもある。
山岳部ではコーヒーやお茶の栽培もさかんで、大切な現金収入源だ。

仏教を深く信仰する立憲王国

尊敬される王室

　タイの人びとが大切にしているのが仏教と王室です。今の王室は1782年から続いています。1932年の革命後、王様の権力が憲法によって制限される「立憲君主制」になり、国王が直接政治にかかわることはありませんが、深く尊敬されています。寺院やまちなか、店には肖像画や写真がかざられています。

　日本の皇室とタイの王室とは長い交流の歴史があり、親密な友好関係にあります。それは、日本とタイの交流の基礎となっています。

▶今の王様は2016年に即位した、マハー・ワチラロンコン・プラワキラクラーオキャオユーファ国王（ラーマ10世王）。

▼朝8時と夕方6時に公共の場では国歌が流れる。人びとは直立不動で聞くのがルール。

仏教と多様な信仰

　タイの国民の83%が仏教徒です。227の戒律を守って修行する上座部仏教が信仰され、国内には約3万もの仏教寺院があります。寺と僧侶は、この国の人びとのくらしの中に深く根づいています。

　国内では仏暦という、お釈迦さまが亡くなった年から数える暦を使います。国外向けの文書だけは西暦ですが、公式文書や新聞も仏暦です。

　民族の81%がタイ系民族で、ほかに華人やマレー系ムスリムなどの民族もくらします。公用語はタイ語です。北部地方を中心に多民族（→40ページ）がくらし、独自の文化や言葉、習慣をもちます。近年、その伝統的なくらしが見なおされています。

　タイは一度も他国に支配されず、独自の文化と歴史が守られました。宗教は仏教以外にイスラム教、キリスト教、シーク教、精霊信仰などがあり、多民族・多宗教の国として古くから「多文化共生社会」を実現していたのです。

大きな古い木に、僧が着る黄衣と同じ色の布がまかれていた。「出家した木」とよばれ、大切にされている。

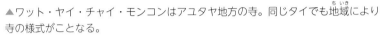

▲ワット・ヤイ・チャイ・モンコンはアユタヤ地方の寺。同じタイでも地域により寺の様式がことなる。

▲ワット・アルンはクメール様式の寺。日本の作家・三島由紀夫の小説『暁の寺』の舞台としても知られる。

▶必要最低限の衣類以外を持つことが禁じられている僧は食べ物を得るため、夜明けとともに、大きな鉢を手に持ってまちを歩く。こうした修行を托鉢という。寄付する人は僧が持っている鉢に食べ物や薬、お金などを入れほどこしをする。僧はお礼に経をとなえる。女性は僧の体や黄衣、持ち物にさわってはいけない。

▲店で売られる托鉢セット。僧の食事（1日1〜2食で午前のみ）が1つになっている。都市部ではこうしたものを買って僧におさめる人もいる。

▲タイのカレンダー。西暦2019年は仏暦2562年。西暦に543をたすと仏暦になる。1年の始まりは西暦と同じ。

◀開発が進むバンコク市内。地震の少ないタイでは、せまい土地でのビルの高層化も目立つ。

郊外の大きな家にくらす3世代

伝統手すき紙づくりの村

　タイ第二の都市チェンマイから東へ約18kmの
サンカンペーン郡トンパオ村は、古くから手す
き紙づくりがさかんな村です。この村に住むテ
ンテンさんの家も代だい伝統の紙をつくって生
活してきました。今はお母さんと、お父さんの
お姉さんたちが仕事を受けつぎ、家のとなりに
ある工場で紙をつくっています。お父さんは警
察官で、国境近くまで働きにいくこともあり、
いつも帰りがおそいそうです。この家は築5年
のコンクリートづくりの大きな2階建てで、92
歳になるおじいさん、お父さんの2人のお姉さ
ん、お父さん、お母さん、いとこのお兄さん、
テンテンさんの7人でくらしています。

　テンテンさんの家は郊外にあるため、この日
は車で訪問しました。家の裏庭にある駐車場に
車をとめると、裏庭に面した大きなガラス戸へ
向かいます。ここでくつをぬいで、そのまま家
の中へ入りました。玄関もありますが、ほとん
どこの裏口から部屋に入ります。

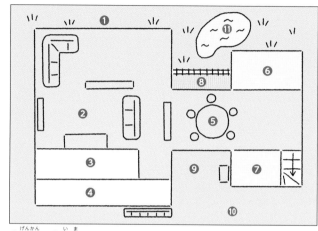

❶玄関　❷居間　❸西洋式台所　❹タイ式台所　❺テーブル
❻・❼部屋　❽テラス　❾裏口　❿裏庭　⓫池

近代的な西洋式の家だが、屋根のデザインはタイ伝統の「ラーンナー様式」
とよばれる形。明かりのついた部屋がタイ式台所で、外の低いテーブルには、
香辛料をつぶすためのすり鉢、七輪（→11ページ）などの道具がおいてあ
った。香りの強い香辛料は屋外で調理することも多い。

◀お母さんとおばさんたちがつくる紙。

テンテンさんの家族。この日は近所のおばあさんも遊びにきていた。

▲出入り口の大きなガラス戸には足ふきマット。スリッパはない。

▲1階の中心にある広い居間。食事はここでする。テンテンさんは自分の部屋もあるが、勉強や宿題はほとんどここでするそうだ。

ここに注目！

2つの名前をもつ文化

　タイでは子どもが生まれると2種類の名前をつけます。本名と、チューレンとよばれるニックネームです。どちらも生涯使う大切な名前です。いつからか、悪い霊が子どもを連れさらないようにと、本名をかくしてニックネームでよぶようになりました。また、タイ人の本名は同じ名前の人と出会うことのないよう、とても長い複雑なものにする習慣があります。そんな複雑な名前は覚えられないので、学校や職場でもニックネームでよびあうのです。友達の本名を知らない子も多いのだそうです。

　ニックネームはユニークなものが多く、「モバイルさん」「アップルさん」など時代を反映します。テンテンさんはおばさんがつけたもので「色がこい」という意味だそうです。

12	B	Jirawat Tunoud	Win
13	B	Nattichai Chutipada	Tata
14	B	Nitipupun Parameechayanun	Pee
15	B	Kaweewat Nakao	Genki
16	B	Kittipat Thienwattnakul	Enfa
17	B	Chayanun Klangpraphun	Manju
18	B	Tanapoom Namwong	Tan Tan
19	B	Phuwadon Wiangsimma	Win2

◀クラス名簿。左が本名で右がニックネーム。

現代的な家にも伝統のくらし

ガスこんろが独立しているタイ式台所。電化製品はない。食事の準備はおばさんの担当だ。

■ 2つの台所

　テンテンさんの大きな家には、台所が2つあります。1つはタイ式で、流し台と独立した脚つきのガスこんろがあります。電化製品はなく、食品保存棚もかねる大きな食器棚がありました。もう1つは西洋式で、ここには冷蔵庫や電子レンジがあります。流し台とガスこんろがそなえつけで、上部には換気扇がついています。実際は、使いなれたタイ式を使うことがほとんどだそうです。

　庭のタイ式七輪で調理することもあります。この日も、竹筒にもち米とココナッツミルクを入れて焼くおやつ、カーオラームをつくっていました。米もあまく味つけをして料理します。

　お水はペットボトル入りのミネラルウォーターを購入し、水道水は飲みません。

▲西洋式台所。西洋料理が好きなテンテンさんのためにつくったが、ほかの家族はタイ料理が好きなので、あまり使っていない。電子レンジには布がかけられ、IHこんろの上には物が置いてある。
床に置かれているのは、お母さんの実家でとれた米（カオニャオ、→14ページ）。この家では1年で50袋くらい食べるそうだ。

▲タイでよく見かける脚つきのガスこんろ。日本とちがって、プロパンガスを室内のこんろのすぐ横に置いている。

「カーオラーム」はテンテンさんの好物

▲裏庭の出入り口前で使用中の七輪。日本のものとことなり、上部にみぞがあるのがタイ式。

トイレとシャワーは同じ部屋

　ふろ場は2階です。トイレとシャワー、洗面台が1つの部屋の中にあります。服をぬいだり、しまっておく場所はありません。服がぬれてしまわないよう、自分の部屋で服をぬぎ、タオルを持ってふろ場へ向かいます。

　暑いタイでは水あびがほとんどで、この日もテンテンさんは5分あまりで元気にふろ場から飛び出してきました。

　トイレは西洋式の便座のある水洗トイレです。紙は使わずトイレについている小さなシャワーを使って、おしりを流します。

▲食器棚に食べ残した料理やご飯をしまう。次に食べるときはここから取り出し、そのまま食べる。

　ふろ場だけでなく、どの部屋も床がツルツルとした、冷たい素材でした。ほうきで掃除しやすく、また暑い国ですずしくすごす工夫なのかもしれません。

▼ホテルで見かけたほうき。床はほうきではいて、ふきそうじ。

◀ふろ場。奥からシャワー、トイレ、洗面台がならぶ。（左）シャワーのみで、浴そうはない。

11

家族や年長者を大切にする文化

■ おじいさんがくらしの中心

家の2階に小さな部屋がありました。のぞいてみると、そこには小さな仏像や線香が置いてあります。ここは仏教のための部屋なのです。家族は仏教の教えをとても大切にしていて、毎日この部屋で手をあわせます。

テンテンさんは、学校へ行く前と帰ってきたときには、おじいさんにひざまずき、あいさつをします。タイでは家族を大事にすることと、お年寄りを尊敬する気持ちがとても重要なのです。家でいちばん長生きのおじいさんは、家族の中心です。仕事で夜もいそがしいお母さんのかわりに、おじいさんとご飯を食べることも多いテンテンさん。おじいさんのことが大好きで、夜もいっしょにねることがあるそうです。

■ 気候にあった生活

洗濯はたらいを使って手洗いするか、洗濯屋さんにたのみます。タイは1年じゅううす手の衣類ですごせる気候のため、手洗いで簡単にすませることができるのです。また洗濯屋さんの料金も安いので、わざわざ洗濯機を買う家はまだ少ないのだとか。まちなかにはコイン式洗濯機もあります。

▲まちなかの洗濯屋さん。タイでは衣類の仕上げにアイロンをかけるのがふつう。ジーパンにもアイロンがけをする。

おじいさんの両ほおにキスをしたあと、ひざまずいてあいさつをするテンテンさん。

◀仏教専用の小部屋。線香や
ろうそく、花を供えている。

▼ろうかにはお釈迦さまの絵や
お守りがかざってあった。

▶リビングには大きな棚に写真がならぶ。亡くなったおばあさん
の写真を、いつでも家族が思いだせるよう、ここにかざっている。

▶おばあさんの写真。金
色の器に花をかざる。木
製の小さな容器には、お
ばあさんの歯が入ってい
る。タイはお墓がない家
もあるので、故人をしの
んで髪や歯をこうして保
管することがある。

テンテンさんの1日

　テンテンさんは朝6時30分に起きる
と、顔を洗って歯をみがき、着がえて6
時50分に家を出ます。お母さんの運転
する車で小学校へ向かいながら、朝ご
飯を食べます。

　学校は午前8時から始まり、午後4時
まで。むかえの車で約1時間かけて帰り
ます。

　夕ご飯までに宿題や水あびをすませ
て、夜6時にご飯を食べます。その後は、
自由にすごして夜9時にねます。

　休みの日はスケートボードや自転車
で遊びます。家の手すき紙の仕事のお
手伝いもするそうです。将来の夢は「エ
ンジニア」なんだって。

起床
午前0時
9時
夕ご飯
6時
5時
午後4時
帰宅
12時
睡眠
学校
お母さんの車で登校
（車内で朝ご飯）
6時30分
6時50分
7時50分
8時
学校着

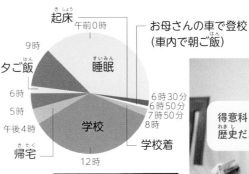

得意科目は
歴史だよ

◀学校が休みの期間に出家（→35ペー
ジ）したときの写真。

4つの地方からなるタイ料理

■ 食文化の中心は米

タイの主食は米です。細長いインディカ米で、北部と東北部はもち米、それ以外の地域では細長いうるち米を食べます。ご飯におかずをそえて、スープと食べるのが基本です。めんも人気があり、米粉を使っためんや小麦粉からつくられる色つきめんがあります。用意されたいくつかのめん・具・汁をそれぞれ選び、自分の好きな一品に仕上げてもらえるお店もあります。

各地方にはそれぞれ独自の名物料理がありますが、現在は外食文化が進み、タイ全土でいろいろなメニューを楽しむことができます。

▲とり肉ととり肉のゆで汁でたいたごはん「カオマンガイ」。日本でも人気のメニュー。いずれもからくないので、調味料を使ってアレンジして食べる。からいメニューは、注文時に好みを聞かれることもある。

▶北タイでよく食べられるもち米「カオニャオ」。

▼ガパオ（ホーリーバジル）の葉と肉をいためた「パット・ガパオ」。目玉焼きをトッピングした定番メニュー。

とうがらし入りナンプラー　とうがらし入り酢　粉とうがらし　さとう

◀タイの食卓にはかかせない、クルアンプルンとよばれる調味料入れ。

■ 食事のマナー

基本はスプーンとフォークを使って食べます。左手にフォーク、右手にスプーンを持ち食べ物を口に運びます。スプーンをナイフのように使うこともあります。

めん類は、はしとれんげで食べます。めんをはしでれんげにのせて、口に運びます。めんを音をたててすするのは、おならより下品なことといわれます。また、お皿や汁物の容器を口につけて食べるのもマナー違反とされます。

■ 調味料で好きな味に！

レストランや屋台のテーブルの上には必ず追加の調味料が置かれます。タイ料理はあまい、からい、すっぱいが基本の味つけですが、料理に調味料やにんにく、とうがらし、ピーナッツの粉を加えたり、ライムの実をしぼったりと、自分の好きな味にアレンジしながら食べるのがタイ料理の特徴のひとつです。

めんや調理法もいろいろ

「クイッティアオ」とよばれるめん料理は、朝や昼のご飯に人気があります。まちのクイッティアオ屋さんでは、めんの太さや具材、スープの種類を選んで注文します。

▲細めんのセンミー（米粉）。　▲中太めんのセンレック（米粉）。

▲平めんのセンヤイ（米粉）焼きそば。

▲バミー（小麦粉）スープありの汁めん。

▲バミー（小麦粉）スープなしのあえめん。

地方料理

北部　カオソーイ

▲カレー味のココナッツスープにたまごめんが入った、タイ風カレーラーメン。高菜のような漬物やライムがそえられる。お店によって使う香辛料がちがう。

東北部　ソムタム

▲あまくない青パパイヤのサラダ。サワガニでつくられた調味料がかくし味。手で丸く固めたもち米を、汁につけて食べる。とうがらし入りでからい。

南部　マッサマン

▲大きなジャガイモが入ったカレーで、ご飯といっしょに食べる。南部はイスラム教徒の多いマレー半島にあり、イスラム文化の影響を受けたといわれるメニュー。

からい料理のあとはあまいもの

▲「カオニャオ・マムアン」は、むしたもち米にココナッツミルクを加えて生のマンゴーをそえた、タイを代表するデザート。

▲「ルーク・チュップ」は豆とココナッツミルクでつくったあんを、ゼリーでくるみ果物や野菜の形にしあげたお菓子。

豊富な食も国の魅力

おかずを売るお店。ご飯は家で用意して、おかずだけを買って帰る人もいる。

外食中心の食生活

　タイの都市部では共働きの家庭がふつうです。まちには手軽に食べられたり、料理を持ち帰ることのできるレストランや屋台がたくさんあって、しかも値段がとても安いです。そのため、外でいそがしく働く家庭は家で食事をあまりつくらずに、買って食べることが多いのです。

　テイクアウトの文化が根づいているので、どんなものでも買って持ち帰ることができます。たとえば、スープやラーメンのようなものも持ち帰ることができます。こぼれたりしないのかな？ と心配になりますが、ビニール袋や弁当箱をうまく利用しています。かつてはバナナの葉などを利用して、食べ物を包んでいたそうですが、今ではあまり見られなくなりました。

▲スープも持ち帰ることができるよう、用意してあるお店。

▲テンテンさんの家で使われていた調味料。左から2本目のびんが、タイを代表する調味料のナンプラー。

フルーツ大国タイ

1年じゅうおいしいフルーツが豊富に食べられるタイ。日本ではあまり見たことのないめずらしい種類も見かけます。特に3月〜9月は食べごろのフルーツがたくさん出回ります。まちの屋台では一口サイズにカットされたものが売られていて、いつでも手軽に食べられます。

▼グァバ（ファラン）
みずみずしく、種がおおい。

ข้อห้าม / Restriction
No Durian Allowed

◀▼ドリアン（トゥリアン）
熟すとクリームのようなあまさになる。からがとてもかたくてとげもあり30cmくらいの大きさになる。「くさい果物」として有名で、交通機関やホテルは持ちこみ禁止の場合が多い（写真左）。

▼バナナ（クルアイ）
日本にくらべ、たくさんの種類が売られている。

▼レンブ（チョンプー）
ナシのような味と食感。

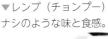

▲ドラゴンフルーツ（ケーオ・マンコーン）サボテンの実でたんぱくな味。

◀ココナッツ（マプラーオ）
果汁を飲んだり、実を食べたりする。人の頭くらい大きいので、からをそいで輸送していた。

▲マンゴー（マムアン）
ねっとりあまい。生や加工、熟す前の青いものも食べる。

ここに注目！

お酒が飲めない「禁酒日」

タイでは仏教関係の祭日と選挙の日、選挙前日の18時からは「禁酒日」になります。タイ全土のスーパーマーケットやコンビニ、レストランでお酒の販売が禁止され、バーや居酒屋などお酒をあつかうお店は閉店します。いつもにぎやかなまちが、その日は暗くなるそうです。

お酒は20歳から購入できますが、すべての販売店で11時〜14時、17時〜24時の時間が「販売許可時間」となります。それ以外の時間はたとえ外国から来た観光客でも購入することはできません。

▲バンコクのコンビニ。右がソフトドリンク、左がアルコール飲料。左はカーテンがかかって購入できないようになっている。

多様化する交通

▲タリンチャン区の水路を行きかう小型ボート。行商や移動に水路を使うのはバンコクの伝統だ。

▲トゥクトゥク。ほかの乗り物にくらべ割高だが、荷物を運ぶのに利用したり、観光用の乗り物として人気がある。

発達する交通網

　タイを訪れる外国人観光客は年間3800万人をこえ*、まちはいつも活気にあふれています。これまで通勤や通学などをはじめとする移動手段は車、バイクが中心でしたが、渋滞や大気汚染のためバンコクでは公共交通機関の整備が急速に進んでいます（→42ページ）。

　長距離移動の手段はさまざまです。鉄道はタイ国鉄がバンコク駅（愛称：フアランポーン駅）を中心に各地へ走っています。空路にくらべて

動画が見られる！

1916年に建てられた歴史あるフアランポーン駅。

▼BTS（高架鉄道）車内の優先席。僧も優先される。

ที่นั่งสำหรับภิกษุสามเณร
RESERVED FOR MONKS AND NOVICES

▲駅には僧専用の待合所がある。

▲二輪バイクは国民にもっとも利用されている移動手段だ。免許は15歳から取得できる。

▲ソンテウ。行き先の方向によって車体の色がちがう。

所要時間は長くなりますが、安く移動できるために人気があります。ほかにも長距離バスや乗りあいバン「ロットゥー」があり、空路ではいくつかの航空会社が国内線を運航しています。

　近距離の移動にはタクシー、バイクタクシー、循環バス、三輪タクシー「トゥクトゥク」、トラックの荷台を改造したバス「ソンテウ」などがあります。スマートフォンを使った配車アプリも近年急速に広がっています。

＊2018年国連世界観光機関調べ

ここに注目！

バンコクのエコロジー切符

　BTS（高架鉄道）はカード型の切符です（写真左）。自動改札のさしこみ口にさしこむと、改札が開きます。出札時も同じですが、カードは回収されます。

　MRT（地下鉄）はトークンとよばれるプラスチック製のオセロのコマのようなもの（写真右）が切符です。自動改札ではこのコインをセンサーにタッチ、出札時は改札機の投入口に、自動販売機のようにチャリンと投入します。いずれも紙資源を使わない、環境にやさしいリサイクル仕様です。

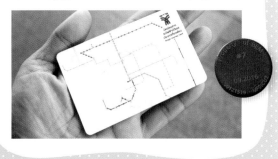

経済をささえる消費社会

チェンマイのワロロット市場。500以上の専門店が集まっている。

大きな市場のようなまち

チェンマイでいちばん古いワロロット市場は3階建ての大きな建物です。1階は肉屋さん、八百屋さん、魚屋さんなどの食料品店、化粧品店や床屋さん、ネイルサロン、そして僧侶やお寺へのお供えを売る店などがあります。2階以上には洋服や生地、くつやかばんなどをあつかう店が多く見られました。学校の制服やボーイ・ガールスカウトの服を売る店もあります。

大通りから一歩入った路地や広場でも、市場が定期的に開かれます。イスラム市場のような民族性豊かな市場もありました。また、バンコクでは川にも水上市場がたちます。

移動販売や行商もさかんです。バイクやボート、歩いて物を売る人たちをよく見かけます。

郊外には大型のショッピングモールがふえています。映画館やゲームセンター、フードコートなどのある複合施設です。日本など外国の企業の出店が目立っていました。

毎日の安全を守る警察や消防署は、寺院のようなデザインでまちになじんでいます。

◀小学校前にはくし揚げの移動販売のバイク。授業の休み時間ににぎわう。

▶大型ショッピングモール。週末は若者の遊び場にもなる。

▲タリンチャン区の水上市場。魚や野菜、食事を売る。

▲夜にならないとお店が開かないナイト・マーケット。タイでは曜日や時間が決められた大きな市場がたくさんたつ。

▲イスラム教徒が多く住む地区には専用の羊肉屋さんがある。

▲野菜売り。カボチャ、インゲン、ブロッコリーなどがならぶ。

▲川のほとりの家に向かって、ボートで果物を行商する。

▲チェンマイ市内の中心部にある消防署。

▲交番にはタイの国旗と王室の旗がかかげられていた。右側にポスト。

21

小学校から自由に学校選び

約2300人が学ぶアヌバーン・チェンマイ小学校。チェンマイではいちばん大きな学校だ。

自由に学校を選び、送迎は毎日

　チェンマイ中心部にあるアヌバーン・チェンマイ小学校は公立の学校です。広い敷地には幼稚園や体育館、運動場があります。もともと古いお寺が建てられていた場所に学校がつくられたため、この学校の基本として仏教の教えを独自に取りいれています。

　毎朝8時から校庭では全校生徒による朝礼がはじまります。まず、タイ国旗をかかげながら国歌をうたい、次に仏教の言葉やタイ人のちかいをとなえて、チェンマイ県の歌をうたいます。最後にタイ国民の心得12条を発声します。

　タイの新学期は5月に始まります。2学期制で前期は10月初めまで、後期は11月から翌年の3月末までです。授業は月曜日から金曜日までの週5日です。

　タイは地域による学区制度がないので、家庭ごとに学校を選び受験します。家族は子どもの学校への送りむかえが、中学校卒業まで日課になります。それがむずかしい家庭は、同じ地域の子どもと乗りあいバンを借りるなどします。

▲小がらな子が多いタイでは、子どもの成長のため牛乳を毎日配布。

▲同じ地域に住む子どもたちは車を借り乗りあい、市内へ向かう。

▲送迎の時間、学校周辺は渋滞する。都市の社会問題のひとつ。

▲送りむかえは二輪バイクが多い。雨のときもかっぱを着てバイクで登下校する。

▲ソンテウ（→19ページ）に乗りあって通学中の子どもたち。走っている車内で朝ご飯。

▲学校前の商店で朝ご飯やおやつを買って登校する子どもも多い。朝も外食が中心だ。

	タイの学校制度	入学年のめやす
就学前教育	幼稚園	満3歳から満6歳まで
初等教育	初等学校（第1学年から第6学年までの6年間）	満6歳から満12歳まで
中等教育	前期中等学校（第1学年から第3学年までの3年間）、後期中等学校（第1学年から第3学年までの3年間）	前期は満12歳から満15歳まで、後期は満15歳から満18歳まで
高等教育	大学（第1学年から第4学年までの4年間）	大学は18歳以上から

原則として満6歳から満15歳までの9年間が義務教育とされている。義務教育期間の公立学校の授業料は無料。

▲北部タイの公立学校では毎週金曜日に民族衣装を着て登校する。両手をあわせてあいさつするのは「ワイ」とよばれるタイの伝統作法。

公立学校でも専門別の教育

▲テンテンさんの所属する6年7組の授業風景。フィリピン出身のネリッサ先生による算数の時間。
英語教育に力を入れた英語科（EPクラス）のため、掲示物や教科書は英語でも書かれていた。授業中の発言や発表にはマイクを使う。

いそがしい学校生活

　アヌバーン・チェンマイ小学校は、英語科・算数科学科・中国語算数科・普通科に入学時からわかれ、授業内容がことなります。公立の学校ではまだめずらしい取り組みですが、将来のことを考えて英語や中国語をしっかり学ばせたい、という家族の要望にこたえています。

　授業は8時30分から始まり、50分の授業が5校時目まで、その後1時間の授業が7校時目まであります。登校後は教室前でくつをげた箱へしまい、教室内はくつ下ですごします。教室の壁には、タイの国旗・仏像・前の国王の絵がかざってありました。

　お昼の給食は12時から食堂で始まります。配膳は当番で、食堂へはクラスごとに男女別で行進して向かい、テーブルにすわります。食べる前にはお釈迦さまにいのります。

　すべての授業が終わると、そうじ当番やクラブ活動の時間です。スマートフォンを使って、むかえの連絡をする子どもたちが多くいました。待ち時間は校内で遊んですごします。

▲英語科で使っている教科書。説明文も英語。

▲階段のおどり場で美術の授業。

▲教室にかざられている国旗・仏像・前の国王の絵。

▲（左）学校の制服。（右）水曜日はボーイ・ガールスカウトの日。必修科目のため、みんな指定の制服で登校する。

◀髪の長い女の子は三つあみに結ぶ決まりがある。青いリボンには学校名。

▲蓮のもようの校章。

▲給食中の食堂。食後の昼休みの時間は遊べるので、食べ終わるのが早い子もいる。

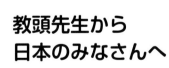
インタビュー

教頭先生から
日本のみなさんへ

動画が見られる！

こんにちは。わたしはアヌバーン・チェンマイ小学校の教頭をしているナーリー（名）・ムージェム（姓）といいます。わたしたちの学校は小学校課程ですが、2つの言葉、英語と中国語を子どもたちに教えています。みなさんも、いっしょうけんめい勉強してくださいね。

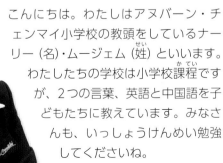

6年生火曜日の授業（英語科）	
①8時30分～9時20分	タイ語（国語）
②9時20分～10時10分	算数
休憩10分	
③10時20分～11時10分	理科
④11時10分～12時	社会
昼休み（給食）1時間10分	
⑤13時10分～14時	英語1（英会話）
⑥14時～15時	理科
⑦15時～16時	自由課題

時間割は曜日によってかわります。国語、算数、英語、理科、社会、経済、歴史、コンピューター、音楽、美術、道徳、などの科目があります。

標高800mの小さな学校

少数民族の子どもたち

チェンマイから車で約3時間、ヒンラートナイ小学校は山岳少数民族カレン族の村にある公立の学校です。創立31年の学校では、3人の先生が学校のとなりにある宿舎でくらしながら、子どもたちに教えています。幼稚園児から小学生まで、となり村から通学してくる子どももふくめて20人が、この学校で勉強しています。特別な制服はなく、白いシャツを着て登校するのが決まりです。

朝は8時に登校し、朝礼と国旗の掲揚をおこない、国歌をうたい、体操をします。この学校は公立なので、都市部の学校と授業や休日、行事についての特別なちがいはありません。ただし、この学校では自由に学ぶ授業の時間を使って、村の若者たちが子どもたちにカレン族の歴史や文化、言葉を教えています。また、金曜日の午後に、いろいろな仕事について教える時間を、特別にもうけているそうです。

▲教室内はくつ下で移動する。男の子は茶色、女の子は黒のくつが多い。

▲タイではノートをとるにもボールペンを使う。インクはこい青が基本で、黒は使わない。まちがえた場合は、修正液を使うか、二重線で訂正する。

全校生徒が集まって朝礼。コンクリートの校庭にはバドミントンのネット。

◀写真手前が5年生、奥が4年生でそれぞれ書き取りの授業中。先生は1人なのでいそがしい。今年は6年生はいない。

ラーマ9世は前の国王だよ！

▲1年生と2年生はぬり絵で社会の授業。前の国王（ラーマ9世）が地方の農業を見学する絵をぬって、国王がタイに残した功績を勉強している。

▲勉強中の子どもたちをろうかの窓から見まもる先生。

▲日が高くなると教室の中が日かげになり、暗くなってしまう。子どもたちは明るい出入り口に移動して勉強。

4・5年生月曜日の授業	
①8時30分～9時30分	タイ語（国語）
②9時30分～10時30分	算数
③10時30分～11時30分	英語
昼休み（給食）1時間	
④12時30分～13時30分	美術
⑤13時30分～14時30分	美術
⑥14時30分～15時30分	活動の時間

▲給食は食堂に集まって全員で食べる。上級生が下級生の準備を手伝う。白いご飯は持参する。自宅に帰って食べる子もいる。

さまざまな子どもたちの遊び

子どもの遊び

外で元気に遊ぶ子どもたち

子どもたちは学校に着くとすぐに遊び始めます。お昼休みの時間や放課後のむかえを待つあいだも、子どもたちは教室をぬけだして校庭に集合します。スマートフォンを使ったゲームやスポーツをする子もいますが、昔ながらの追いかけっこや、じんとりゲームも人気があります。

テーブルでは、ボードゲームやカードで、男女がまじって遊ぶグループもいます。

学校ではスマートフォンの持ちこみは禁止されていません。送迎のための連絡手段として必要だからです。小学生になると、ほとんどの子どもが持っているそうです。授業でも調べもので使うこともあるとか。ただし、授業以外での使用は放課後のみにかぎられています。

▲スマートフォンのゲームで遊ぶテンテンさん。ゲームのほか、SNSもとても人気がある。

▲サイコロをふって遊ぶ、すごろくの一種。

▲放課後「チェス」を楽しむ子どもたち。むかえを1時間以上待つこともよくあるようだ。

▲カードゲームは低学年から高学年まで人気。

パオインチュ！

階段のいちばん上段にいる子とじゃんけんをして勝ったら一段ずつ上がるゲーム。日本の「グリコ」に似ている。

▲牛乳パックを口にくわえながら、こま回し。

▲砂場でビー玉あそび。

▲おりがみをおる子。

動画が見られる！

ここに注目！

じゃんけんは「パオインチュ！」

じゃんけんのルールは日本と同じで、グーはかなづち、チョキははさみ、パーは紙です。「パオインチュ」というかけ声で指を出します。あいこのときは、もう一度「パオインチュ」のかけ声でやりなおします。

◀教えてくれた、6年生のピンさんとアイリさん。

高まるスポーツ人気

休日はお出かけ

　平日はいそがしく働くタイの家庭ですが、週末は家族でショッピングモールや映画館に出かけます。また、郊外の温泉やお寺へお参りに出かけるのも人気があります。

　都市部のシネコンには若者が集まっていました。映画の料金は安く、手軽に鑑賞できるそうです。ハリウッドやインド、日本のアニメも人気ですが、タイの映画も数多くつくられていて、国際的に注目されています。

▲バンコク市内のデパートにあるシネコン。タイでは映画の上映前に国王をたたえる歌が流れ、全員が起立しなくてはならない。

▶チェンマイから東に30kmほどのサンカンペーン郡の温泉。週末は足湯と温泉たまごをつくって楽しむ家族でいっぱい。

▼お参りするとたからくじが当たる、と人気のワット・プラタート・ドーイカム。タイのたからくじは路上販売で、身体に障害をもつ人が売っていることもある。働く機会をあたえ、買う側もタンブン（→35ページ）になる。

ゆでたまごつくるよ！

▲あつい温泉の中にかごに入れたたまごをしずめて、ゆでたまごをつくる。たまごの種類は、ウズラ、ニワトリ、アヒルなどから選べるところも。

サッカーが大人気

タイのスポーツで競技人口が多いのはサッカー、観客数が多いのはムエタイ（タイ式キック・ボクシング）です。ムエタイは神聖な国技で、試合前には選手による祈りの舞があり、試合中にもタイの民族音楽が流れるなど、伝統文化の一面ももちます。

サッカーはとくに若者に人気があり、放課後や週末にサッカークラブに通う子どももいます。また、日本のJリーグとパートナーシップ協定を結ぶタイリーグ1があります。

◀都市郊外の住宅地の運動場。サッカークラブで練習する子どもたち。クラブには小学生から大人まで参加。

▶Jリーグの北海道コンサドーレ札幌のチャナティップ選手。タイ出身でとても人気があり、広告にも登場。

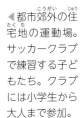
動画が見られる！

◀タクローで使うボール。かつては籐製で、今はプラスチックでもつくられている。

◀タイ伝統の球技タクロー。タクローはタイ語でボールの意味で、ボールを手を使わずにけりあう。肩、背中、頭も使う。日本の蹴鞠に似ている。マレー半島の各地で伝わっていた遊びのルールを統一し、1965年に競技「セパタクロー」が生まれた。タイでは昔ながらのタクローの名称で親しまれている。

◀まちなかのムエタイ道場。まずしい農村部の子どもが、チャンピオンを夢みて参加することもある。試合中に命を落とす事故があり、子どもの試合禁止を求める声もある。

▼練習中の男の子は小学5年生。

31

世界に知られた2つの祭り

お正月が3回ある

タイでは年に3回お正月がやってきます。1つ目は新正月、これは日本と同じ西暦のお正月、つまり1月1日です。つぎに日本でいうと旧正月、かつて使われていた旧暦のお正月で、年によって日付はかわります。最後にソンクラーンとよばれるタイ独自のお正月で、これは政府によって4月13日と決められています。その日から3日間が祝日になります。

ソンクラーンでは仏像や仏塔に水をかけてお清めをする、古くからの風習がありました。それが今は、人びとが水を盛大にかけあって祝う祭りのかたちになりました。都市部では子どもから大人まで、世界じゅうから人が集まって水鉄砲やバケツで水をかけあいます。

バンコク市内の大規模な水かけ祭り。1年でいちばん暑い季節。

▲砂の仏塔（パゴダ）。本来寺からはなにも持ち帰ってはいけないのだが、くつについた砂は持ち帰ってしまう。そのため、お正月に砂を集めてお寺に仏塔をつくり、その場でこわして砂を寺に返す風習がある。

▼▶銀色のボウルには香りをつけた水に花びらが浮かべてある。これを小さなボウルですくって、仏像の肩からかけたり、僧侶や年長者の手にかけるのが本来のソンクラーン。

◀水をかけられてぬれてもおこらずに、ありがとうと返すのが祭りのルール。

動画が見られる!

コムローイは人気があり、郊外に集まっていっせいにランタンを空に放つイベントも開催されている。

満月の夜の祭り

　ローイクラトン祭りは、旧暦12月の満月の夜に灯籠を川に流す古い風習です。タイ全土でおこなわれますが、チェンマイでおこなわれる紙でつくられたランタンを空に放つコムローイとよばれる関連行事が、近年とくに人気を集めてます。

　個人や家族、恋人どうしが灯籠やランタンに願いをこめて川や空に放ち、幻想的な風景が広がります。

▼バナナの木の幹や葉でつくられた灯籠に、線香やろうそくを立てて川に流す。水の女神に感謝の気持ちをささげたことが始まり。

▲祭りの間、無数のランタンが飛ばされるため、飛行機の夜間飛行が一部では中止される。

結婚式、お葬式、出家

僧侶とともに

　田舎の結婚式は花よめの家でおこなわれ、都市では結婚式場やレストランでおこなうことが多くなっています。内容は伝統のタイ式や西洋式など、さまざまな様式があるそうです。

　タイ式の結婚式を開くレストランでは、まず僧侶が伝統的な儀式をおこないます。その後、披露宴が開かれ、招待客といっしょに食事をしながら盛大にお祝いします。

　お葬式は専門の火葬場があるお寺でおこないます。大きなうちわを顔がかくれるように持った僧侶が経をとなえます。遺体は焼かれ、散骨するか骨つぼにおさめます。タイでは個人が墓や墓地をもつことは少なく、骨つぼを地中にうめたり、墓まいりの習慣はあまりありません。

朝8時から始まった、プンさんとヨウさんの結婚式。

▲僧がつくった、2つにつながった白い糸を頭にのせることから式が始まった。この糸はのちに参列者に配られる。

▲お金や贈り物を持って新郎と家族が新婦をむかえにいく。新婦の友人は糸で道をふさいで、新郎をこまらせて愛をためす。

▲お葬式の祭壇。葬儀は数日間かけておこなわれる。裕福な人ほど長い。

▲経をとなえる僧。悪い霊にまどわされないよう大きなうちわで顔をかくす。

一生に一度は出家する

　仏教の信仰にあついタイでは、仏教徒の男性は一生にいちど一定の期間出家することが望ましいとされています。出家とは、家を出て寺で僧侶として修行することです。社員のための出家休暇がある会社もあります。学校の長期の休みに短期間の出家をする子どももいます。

　よいおこないをすることをタイでは「タンブン」とよび、とても大切にします。寺に寄付する、お祈りをする、生き物を殺さない、出家する、人を助ける、ほどこしをする、などです。

　死んだあとも生まれかわるとされるタイでは、タンブンすることで来世がより幸せなものになると信じられています。子どもの出家は家族のよろこびでもあるのです。

▲子どもの出家。黄衣（僧の服）を着て、まゆげと髪の毛をそる。

ここに注目！

タイの伝統衣装

　男性の正装は「スア・プララーチャターン」とよばれるジャケットで、結婚式などで着用されます（→34ページ）。女性の正装は「シワーライ」、綿や絹が素材でデザインが豊富です。女性は正装にあわせて髪型もはなやかにかざることが多く、特徴的です。

　タイドレスとよばれる民族衣装は、腰に巻くスカートが「パーシン」、ブラウスは「スアー」、それに「サバイ」とよばれる肩かけをかけます。

▼シワーライを着た女性。

山岳少数民族のくらし

森とともに生きる

ヒンラートナイ村はチェンマイから北北東へ車で約3時間の場所にあります。標高800mの山中に山岳少数民族のカレン族が100年以上前から住んでいます。村には公共の電気や水道は通っていません*。村を案内してくれたタナカさんの家はお父さん、お母さん、お姉さん夫婦とその子どもの6人家族です。

村は循環式焼畑農業とよばれる方法で棚田を管理して、米や野菜を育てています。農薬は使わず、昔から続く生活を現代にあわせてくらしているそうです。村のみんなで森を整備して、自然を守っています。世界では開発によって、森が少なくなっています。こうして自然と共存するくらしが、注目されています。

＊2018年11月現在。

集落から歩いて1時間ほどの棚田。畑で栽培する陸稲と水田で栽培する水稲で、年2回収穫している。
循環式焼畑農業は、一度使った田畑は休ませて、7年のサイクルでじゅんにたがやしていく。

▼ヒンラートナイ村。電気は太陽光パネルをつかい、短い間は使用できる。スマートフォンの電波は届かない。

▼タナカさんの家。タイ農村部に多い高床式の住宅で、高床柱にはネズミ返しがある。「タナ」はカレン語で小さいという意味。

▲家族の夕食。いすはなく床にすわる。この村では塩が貴重。

▲額につけたヘッドランプの明かりで翌朝のご飯の準備をする。カレン族は昔から男性も料理や洗濯をする。

▲カレン族が育てるとうがらしは特産品で人気がある。からくてもひりひりしないそうだ。

◀洗濯は手洗い。沢の水を集落に引きこんで使っている。とても冷たい。

◀村では伝統的なカレンの精霊信仰のほか、仏教も信じられている。毎朝7時に托鉢の僧侶が広場にやってくる。

▲村の小学生が野ネズミを竹づつのわなでとっていた。焼いて食べる。下げているかばんはカレン族特有のもの。

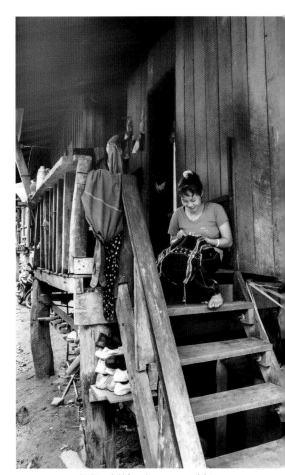

▲カレン族の女性は織物や刺しゅうが得意。部屋の中は暗いので、玄関やベランダで作業する姿をよく見かけた。家族や自分が着るほかに、観光客へ販売して現金収入にする。

受けつがれる地域の技

ボーサーン村は、もともと紙すきからほね組み、紙ばり、色・もよう・油ぬりなど古くから伝統的な方法でかさを生産してきた地域だ。かつて、チェンマイのえらい僧がミャンマー（ビルマ）に修行へ出かけたおりにかさの製法を学び、この村に伝えたといわれている。

▲かさづくり工房では多くの女性が伝統的な手仕事にとりくむ。これは手すき紙を、もち米でつくったのりを使って、かさのほね組みにはっているところ。

人気の一村一品運動

　タイの北部は13世紀にラーンナー王朝があった地域です。首都があったチェンマイでは、今も当時の文化や技を伝える伝統工芸品の産業がさかんです。タイで観光客がバンコクのつぎに多いチェンマイでは、おみやげ品としても人気があります。市内のお店や市場には、たくさんの商品がならんでいました。

　政府が進める、一村一品運動「OTOP（オートップ）」も広がっています。各地方の特産品の品質を管理し、認定マークをつけて販売するまちおこしで、もともと日本からはじまりました。工芸品から菓子、お茶や化粧品まで、さまざまな商品がタイ全国76県7000以上の村から集められ、OTOP専門店のほかにスーパーマーケットなどあちこちの販売店で売られています。

▲トンパオ村の特産品、手すき紙。紙の原料は「サー」という木。

▲色をつけた紙をつくるようになったのは近年。

▲セラドン焼きはセラドングリーンとよばれる、ひすい色が特徴の焼きもの。

▲セラドン焼きをつくる職人さん。300年以上前に中国から伝わったとされる。

◀タイ東北部スリン県のブトム村。伝統の手編みのかごがOTOPにみとめられた。このときは海外から注文された商品をつくっていた。国内外の産業イベントに出品したり、生産について講演することもあるそうだ。

▲タイの国際空港内にもOTOPの専門店がある。OTOPの認定マークがあるものは、タイでつくられたものの保証になるため、旅行者のおみやげとして人気だ。

見直される民族の文化

1 変化する民族のくらし

タイ国内にはたくさんの民族がくらしています。200年以上前にミャンマー（ビルマ）やラオス、カンボジアなどの周辺国からやってきた民族、近年難民としてタイにきた人たちもいます。多くは独自の文化や言語、生活習慣をそれぞれもちながら、くらしてきました。

1950年代、政府は一部の少数民族のくらしを強制的にタイ人と同じような生活にあらためる差別的な政策を進めました。焼畑農業の制限や、山から低地への定住化などです。

1990年代から、これらの政策に対して、伝統的なくらしや文化の保護、生活や学習の権利、国籍をもとめる活動がさかんになりました。今ではタイの文化のひとつとして、みとめられています。焼畑農業も自然環境に負荷のない方法で続けられています。

▲少数民族の伝統模様を印刷した化学繊維の衣類がまちで売られるようになった。

▲チェンマイ郊外で見かけたモン族の家族。

お祭りの会場で遊ぶタイ・ルー族の子どもたち。北部タイに多く住むタイ系民族。

▲モン族の刺しゅう絵。文字をもたない民族であったため、歴史やくらしを布にあらわし、次の世代へ伝えた。

▲ラフ族は狩猟民族で、猟にはボウガンを使う。

モン族

▲刺しゅうやろうけつ染めが得意。

パロン族

▲ミャンマー（ビルマ）から移住した。

スゴー・カレン族

▲織物がさかんで貫頭衣で知られる。

タイ・ヤイ族

◀空想の鳥（キンカラー）の伝統舞踊が有名。

カヤン族

▲一部の女性は金の首輪をつけて生活する。

くらしを伝える活動へ

　少数民族の知恵やくらしを受けつぎ広める活動もさかんで、生活体験には国内外から参加者があります。村おこしのため、伝統工芸品の生産やコーヒーなどの新たな商品作物の栽培に取り組む村もあります。

＊タイ国内にくらす一部の民族を紹介しています。

▼ひょうたんの笛をふく。

ラフ族

▼カレン族の一部で、大きな耳飾りをする。

カヨー族

▼大きなブランコに乗るお祭りがある。

アカ族

国際協力で課題に取り組む

深刻な交通渋滞の問題

タイでは交通網の整備において全国各地への道路建設を優先させたため、鉄道の開発がおくれていました。結果、都市部では通勤や通学に使われる自動車やバイクの増加による交通渋滞が社会問題になっています。とくに、朝と夕方の通勤時間におけるバンコク市内の車道の交通渋滞は世界最悪レベルといわれ、予定時間に出社できないなど仕事にも影響しています。

こうした問題を解決するため、公共交通機関としてBTS（高架鉄道）、スワンナプーム国際空港駅とバンコク中心地を結ぶARL（高速鉄道）、日本の支援でMRT（地下鉄）が開通しました。人口が増えたことによる都市部の広がりにともない、線路もどんどんのびています。

バンコク市内アソーク地区の交差点。もっとも渋滞する地域のひとつ。

▼排気ガスによる大気汚染も深刻。バイクの乗車にはマスク。

▼MRTブルーライン。通勤ラッシュは日本とおなじ。

▲パサック川の水路に新設されたクラマン水門。2011年の洪水では、水位上昇により、この水路が逆流したことがアユタヤの浸水の原因のひとつとされている。

100年に一度の雨

　2011年の秋にタイではこれまでにない大雨による大洪水がありました。バンコクをふくむ多くの地域が浸水し、人びとの生活や経済に大きな影響がありました。日本の企業が多く進出するアユタヤでも、工業団地をふくむ広い範囲が浸水しました。工場の被災により、日本国内でも電化製品が入荷しなくなるなどの影響が出ました。洪水の被害はタイ国内だけでなく、世界じゅうに影響をあたえたのです。

　このような被害をふせぐため、日本の協力でパサック川の水門2基を建設し、ポンプ車が配備されました。水門は2015年に完成し、特にアユタヤの洪水被害が軽減されることが期待されています。世界規模の異常気象に、各国が助けあっています。

▼地下鉄の入り口はのぼり階段があり、地上より高くなっている。これは、洪水や豪雨（スコール）による浸水をさけるための工夫だ。雨量が多く、洪水の経験が豊富な日本からのアドバイスによるもの。

◀アユタヤのロジャナ工業団地にある日本の会社の工場。（左）車メーカー（右）音響メーカー。水門は工業地帯を守る意味もある。

43

深まる日本との友好関係

バンコク市民の生活をささえる浄水場

タイのバンケン浄水場は東南アジア最大規模の、タイ王国首都圏水道公社（ＭＷＡ）が運営する浄水場です。チャオプラヤー川やメークロン川からの水を安全な水質に浄水し、バンコクや周辺3県に水道水を届けています。

バンコクでは人口増加による水不足が心配されたため、日本の国際協力機構（JICA）が1979年から浄水場の拡張工事にかかわるお金や技術の援助、上水道の整備、水道技術者センターの設立をしました。現在はＭＷＡの職員に技術や施設が受けつがれ支援は終了していますが、日本の水道局との交流は続いています。

バンコクの日本人学校に通う子どもたちやタイの子どもたちは、社会科見学でこのバンケン浄水場をおとずれます。施設の見学を通して、日本とタイの国際協力の実績と技術を体験するそうです。

バンケン浄水場の広さは東京ドーム約24個分。1日約440万m³（50mプール約3700個分）の水を供給している。東京都の金町浄水場は1日約150万m³。（写真提供：Metropolitan Waterworks Authority）

▲バンコク市内の水かけ祭りで使われている水も、この浄水場でつくられている。

▲❶浄水前の茶色くにごった水。❷円形の沈殿槽。中心のにごり水がろ過され、外側にむかって透明になっている。❸バンケン浄水場でつくられた水。飲むための基準はクリアされ、施設内ではそのまま飲む。
＊浄水場から家庭に届くまでの上水道管の老朽化などにより、家庭に届く水をそのまま飲むことはすすめられない。

▲大きな円形の沈殿槽は施設内に22基ある。水をよくかきまぜてごみを取りのぞく。視察するJICAの職員。

▲2000人のスタッフが24時間3交代制で異常や水もれがないか、つねに見まもる。バンコク市民879万人の生活をささえる仕事。

日本文化の浸透

　タイへの日本企業の進出は、5000社をこえています*。日本食や商品は特別なものではなく、当たり前のものとして、生活に浸透しています。

　タイからの訪日客は2018年に約114万人、日本からタイへの渡航者も約164万人でいずれも過去最高を記録し*2ています。観光や経済において、ますます両国の関係は深まっています。

　タイでは日本同様に高齢化社会や環境汚染、地球規模での異常気象などの問題をかかえています。これからは、支援する・される関係ではなく、両国で新たな問題に取り組む時代になります。たがいに交流を進めながら、ともに研究しささえあう、新たな関係性をきずいていくことになるでしょう。

＊2017年JETRO　＊2 外務省

▲デパートのフードコートに進出した日本のハンバーガー店。

▲地下鉄の改札横には日系のパン屋さん。日本のパンも人気。

▲タイ全土でコンビニエンスストアは定番化した。タイと日本の企業が合同で展開している店もある。

▲若者に人気のゲームセンターには日本のゲームもある。

タイ基本データ

正式国名

タイ王国

首都

バンコク

言語

公用語はタイ語で、約7000万人が使用する。地方によってそれぞれの方言があり、王語、僧語もある。また、山岳部の少数民族は、独自の言語をもつ。

民族

タイ人（タイ系民族）が81%、中国系11%、ほかにマレー系ムスリムや山岳部の少数民族からなる。

宗教

おもな宗教は仏教で、約83%をしめる。ほかに、イスラム教（スンナ派が大部分で9%）など。同時に伝統的な精霊信仰も根づいている。

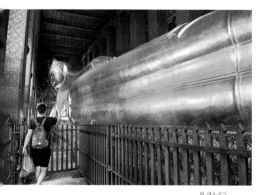

▲ワット・ポーの全長46mの涅槃仏。

通貨

通貨単位はバーツ（THB）。1バーツは約3.6円（2020年1月）。紙幣は1000、500、100、50、20バーツ。硬貨は10、5、2、1バーツ、50、25サタンがある。1バーツは100サタン。

見本

▲2020年現在、タイで使われている硬貨と紙幣の一部。

政治

立憲君主制で、元首は国王だが象徴的存在である。2014年に軍事クーデターが発生し、軍を中心とする「国家平和秩序維持評議会（NCPO）」による統治が続いた。2019年、総選挙により親軍政党「国民国家の力党」を中心とした19政党による連立政権が誕生した。

情報

テレビは政府系のNBTをはじめ6局で、ほかに有料放送がある。ラジオは500局以上ある。おもな新聞はタイ語の「タイ・ラット」「コム・チャット・ルック」、英語の「バンコク・ポスト」など。

産業

農業がさかんで就業者の約4割にのぼり、GDP（国内総生産）は12%をしめる。米が中心の農作物と天然ゴムなどが主要産品。自動車、コンピューター、機械器具の製造が輸出の大部分をしめる。観光業もさかん。

貿易

輸出総額 2534億ドル（2018年）
おもな輸出品は機械類、自動車、プラスチックなど。おもな輸出先は中国、アメリカ、日本など。

輸入総額 2505億ドル（2018年）
おもな輸入品は機械類、原油、鉄鋼など。おもな輸入先は中国、日本、アメリカなど。

日本への輸出 2兆7693億円（2018年）
おもな輸出品は電気機器、一般機械、肉類と同調整品など。

日本からの輸入 3兆5626億円（2018年）
おもな輸入品は一般機械、電気機器、鉄鋼など。

軍事

兵士 36万1000人
（2019年）
男性は徴兵があり期間は2年。希望者以外の徴兵対象者はくじ引きによって決まる。国王が最高司令官。

▼首都バンコク中心部からのながめ。

スコータイ王朝の始まり

タイ東北部にあるバン・チェン遺跡は、紀元前3600年ごろから紀元後3世紀にかけての農耕文明をもつ集落跡とされる。7～11世紀ごろにかけて、タイ中部の先住民モン族によるドバーラバティー王国など、いくつかの国があった。現在のカンボジア付近にあったクメール王朝が拡大し、その支配が13世紀初頭まで続いた。中国から南下したといわれるタイ族による小国家も多数形成された。1240年ごろにクメール王朝から自立したスコータイ王朝や、北部チェンマイを中心とした20世紀まで続くラーンナー王朝などである。タイ族の国家は先住民や移住者などと交流し、流動的なものであった。

アユタヤ王朝からタイ王国へ

▲アユタヤ王朝は400年以上続いた。

中央部では1351年にアユタヤ王朝が成立。1438年にスコータイ王朝を併合するが、一時期はビルマの支配下になった。17世紀ごろにはオランダやフランス、日本などとさかんに貿易しさかえたが、1767年にビルマによって滅ぼされた。いくつかの勢力が発生するなか、ターク国がビルマ軍からアユタヤを奪還、トンブリー王朝を築くが15年で滅亡した。

1782年、チャオプラヤー・チャクリーが内乱をおさめ、ラーマ1世として王位につき都をバンコクに移した。これが現在も続くチャクリー王朝となるが、周辺で明確な国境で区切られた領土と主権をもつ近代的な国家が成立するのは、19世紀末から20世紀初頭になってからである。

19世紀には周辺国がつぎつぎと欧米諸国の植民地となったことから、各国と通商貿易条約を結んだ。絶対王政のもと、国の近代化が進められ東南アジアでは唯一独立を守った国となった。1932年には官僚や軍部による立憲革命がおこり、王は象徴的な存在と憲法によって定められた立憲君主制に移行。1939年に呼称がそれまでのシャム国からタイ王国と改められた。

続くクーデター

第2次世界大戦では1941年に日本と日泰攻守同盟を結んだが、連合国とも連絡を取り合う二重外交によって降伏や占領をまぬかれた。

戦後は工業国として発展。現在まで高い経済成長率を維持している。政治の面では2001年に就任したタクシン首相が民選首相として任期を全うしたが、政治的対立により2006年に軍事クーデターが発生。2009年から2010年ごろは市民による総選挙を求める大規模なデモが起き、政権による弾圧で多数の犠牲者も出た。

2011年には北・中部地方を中心にかつてないほどの洪水被害にみまわれた。

2014年に再び軍事クーデターが発生、全国に戒厳令が発令された。軍を中心とする「国家平和秩序維持評議会（NCPO）」による統治が始まり、プラユット陸軍司令官による暫定内閣が選出された。2017年に国民投票により新憲法が可決された。2019年には新憲法に基づき8年ぶりとなる下院総選挙が実施され、プラユット新政権が正式に発足した。

いっぽう王室では、2016年に国民から絶大なる信頼を得ていたプミポン国王（ラーマ9世）が死去、新国王（ラーマ10世）としてワチラロンコン皇太子が即位した。

▲1915年完成の旧国会議事堂（アナンタ・サマコム宮殿）。

47

さくいん

取材を終えて

小原佐和子

　朝、うす暗い道を黄衣の僧侶たちが列になって静かに歩いていました。托鉢のため寺から移動するそのすがた、道ばたで合掌して僧侶を見おくる人びとに、都市化してもなお残るタイの歴史と文化を肌で感じました。まちのあちこちにある寺や仏像には花や供物がたえず、心がつくされていたことはタイにくらす人びとを表すようで、とても印象に残るものでした。

　タイの仏教では「持つ人が持たぬ人へのほどこしをおこなう」「まちがいを起こした人に対して憎しみをもたない」と説かれます。その精神は人びとの心に深く根ざし、国の基礎になっていました。「微笑みの国」とよばれるほどおだやかだといわれるタイの国民性の背景を、少し知ることができた気がします。

　滞在した山岳少数民族カレン族の村では電気が通っていません。日中に、太陽光パネルで電気をつくっていました。夕食後、そのわずかな電気を使ってタイの国技ムエタイのテレビ中継を家族みんなで観戦しました。テレビの時間のころには、近所の人たちもぞろぞろと集まって、語りあいながら同じ時間を同じ場所ですごします。とてもあたたかく、豊かな時間が流れていました。「足るを知る」を生き方の基本とし、先祖の代から森や自然と

▲チェンマイの明け方。托鉢へ向かう若い僧侶たち。

対話するようにくらしてきた彼らの生活と権利が認められ、いつまでもその営みが続くことを望みます。

　タイは多様性社会の先進国といわれます。学校の先生やカレン族の村長も話のなかでくり返し、個性やちがいを認め、たがいに知りあうことが大切だと強調されました。さまざまな民族や個性をもつ人びとがくらし、寛容の精神が社会にいきるタイから、いま日本は学ぶことが多いのではないでしょうか。

　取材に際しては特に通訳者の川口泰広さんにご協力いただきました。多くの気づきと助言をいただいたこと、心から感謝いたします。

● 監修
馬場雄司（京都文教大学総合社会学部教授）

● 写真提供
Metropolitan Waterworks Authority（P44：左上）
川口泰広（前見返し：ワット・シー・チュム、カオ・ヤイ国立公園）

● 取材協力（順不同・敬称略）
石丸久乃／大塚高弘／奥野安彦／川口泰広／内藤隆久／ランベルツアー／ Arreerak Namwong ／ BaanSinghkham RESORT＆WEDDING ／ JICA ／ Kriengsak Papa ／ MWA ／ Soontaree Subhakorn Snith

● 参考文献
綾部真雄・編著『タイを知るための72章 第2版』（明石書店）
岩崎育夫『入門 東南アジア近現代史』（講談社）
柿崎一郎『物語タイの歴史：微笑みの国の真実』（中央公論新社）
佐藤寛・編『日本型コンビニエンスストア途上国展開と貧困削減：アジア経済研究所調査研究報告書』（ジェトロ・アジア経済研究所）
辻原康夫・編著『世界の国旗大百科 全672旗』（人文社）
速水洋子『差異とつながりの民族誌』（世界思想社）
前川健一『バンコクの容姿』（講談社）
『データブック オブ・ザ・ワールド 2020』（二宮書店）
『最新基本地図 世界・日本 44訂版』（帝国書院）
「タイランド・ツーリスト・ガイド」（タイ国政府観光庁）

● 地図：株式会社平凡社地図出版
● 校正：株式会社鷗来堂
● デザイン：株式会社クラップス（佐藤かおり、神田真里菜）

現地取材！ 世界のくらし10

タイ

発行　2020年4月　第1刷

文・写真：小原佐和子（おばら さわこ）
監修　：馬場雄司（ばば ゆうじ）
発行者：千葉均
編集　：浦野由美子
発行所：株式会社ポプラ社
〒102-8519　東京都千代田区麹町4-2-6
電話：（営業）03-5877-8109
　　　（編集）03-5877-8113
ホームページ：www.poplar.co.jp
印刷・製本：凸版印刷株式会社

©Sawako Obara 2020 Printed in Japan
ISBN978-4-591-16530-0
N.D.C.292/48P/29cm

現地取材！ 世界のくらし

Ａセット　全5巻（①〜⑤）

Ｂセット　全5巻（⑥〜⑩）

続刊も
毎年度
刊行予定！

● 小学高学年〜中学向き
● オールカラー
● A4変型判　各48ページ
● 図書館用特別堅牢製本図書